AF314744

INSTRUCTION

DU

CAVALIER A PIED,

D'APRÈS L'ORDONNANCE DE CAVALERIE,

Et les modifications ordonnées au Camp de Lunéville;

A L'USAGE DE L'ÉCOLE ROYALE DE CAVALERIE.

SAUMUR,

Imprimerie de A. Degouy.

1828.

INSTRUCTION

DU

Cavalier à pied,

D'APRÈS L'ORDONNANCE DE CAVALERIE,

Et les modifications ordonnées au Camp de Lunéville ;

A L'USAGE LE L'ÉCOLE ROYALE DE CAVALERIE.

Saumur,

Imprimerie de A. Degouy. (1828).

Les exemplaires voulus par la loi ont été déposés.

INSTRUCTION

DU CAVALIER A PIED,

D'APRÈS L'ORDONNANCE DE CAVALERIE, ET LES MODIFICATIONS ORDONNÉES AU CAMP DE LUNÉVILLE;

A l'usage de l'École Royale de Cavalerie.

Avertissement.

LA longueur et la baguette du mousqueton de nouveau modèle, uniformément adopté pour les Dragons et la Cavalerie legère, ont nécessité des changements au détail du maniement des armes de l'ordonnance de Cavalerie. Quelques mouvements d'un usage journalier n'étaient expliqués nulle part. Ces diverses modifications et additions à l'ordonnance, ayant été réglées au camp de Lunéville, sont devenues obligatoires pour les régiments qui ont fait partie du camp.

Afin de faciliter et de régler l'étude de l'instruction du cavalier à pied, le conseil d'instruction de l'Ecole royale de cavalerie a jugé nécessaire de faire imprimer l'Ecole du cavalier et l'Ecole de l'escadron à pied de l'ordonnance, avec les modifications et les additions du camp de Lunéville, et en y ajoutant ce qui a rapport à l'exercice de la lance, conformément au réglement du 24 septembre 1811. Tout ce qui regarde l'exercice et le maniement des armes a été classé dans l'ordre observé pour l'enseigner aux recrues, et, pour éviter la confusion dans les renvois, on a suivi une série régulière de numéros d'ordre, sans s'assujétir à celle de l'ordonnance.

ÉCOLE

DU

CAVALIER A PIED.

1. LES premiers principes de la position et de la marche seront toujours donnés homme par homme, ou au plus à deux cavaliers à la fois, selon le nombre des recrues à dresser, et celui des instructeurs que l'on pourra y employer.

2. Les instructeurs exécuteront toujours ce qu'ils commanderont, afin de donner l'exemple en même temps qu'ils expliqueront le principe : ils s'attacheront à accoutumer l'homme de recrue à prendre de lui-même la position qu'ils lui auront indiquée et démontrée, et ils ne le toucheront, soit pour lui donner cette position, soit pour le rectifier, que lorsque son défaut d'intelligence ou de conformation les y obligera.

3. Ils expliqueront ce qu'ils enseigneront, en peu de paroles, claires et précises, se servant toujours, autant qu'il est possible, des mêmes expressions.

PREMIÈRE LEÇON.

Position du cavalier.

4. Les talons sur la même ligne (autant que le permettra la conformation de l'homme), les pieds un peu moins ouverts que l'équerre, les genoux tendus sans les roidir, le corps d'aplomb sur les hanches et un peu penché en avant ; la poitrine saillante, les épaules effacées et également tombantes, les coudes près du corps, la paume de la main tournée un peu en dehors, le petit doigt le long de la couture du pantalon ; la tête droite sans être gênée ; le menton rapproché de la cravate, sans la couvrir ; les yeux fixés droit devant eux.

5. Quand on réunira deux hommes de recrue pour les dresser en même temps, on les mettra sur un rang à la distance d'un pas l'un de l'autre.

Lorsqu'on voudra faire passer le cavalier de l'état de repos à celui d'attention, on lui commandera *garde à vous.*

A ce commandement, il fixera son attention et prendra sa position ainsi que l'immobilité, qu'il ne cessera de garder jusqu'au moment où on lui commandera *repos.*

Note générale.

6. Les observations suivantes et toutes celles qui seront insérées dans la présente ordonnance, renfermant la démonstration et l'utilité des principes établis, les instructeurs ne pourront trop s'attacher à les étudier et à en faire l'application.

7. 1° *Les talons sur la même ligne*, parce que, s'il y en avait un plus reculé que l'autre, l'épaule du même côté serait en arrière.

8. 2° *Le haut du corps un peu penché en avant*, parce que les hommes de recrue prennent ordinairement le défaut contraire ; quand on leur dit de se tenir droits, ils creusent les reins, avancent le ventre, et renversent les épaules. Ce vice de position est essentiel à prévenir ou à détruire, parce qu'il met l'homme hors de son équilibre naturel. Pour s'assurer qu'un cavalier a le haut du corps bien placé, il faut lui appuyer le doigt contre la poitrine ; si sa position est bonne, il résistera à la pression.

9. 3° *Les épaules effacées*, parce que la plupart des paysans et des journaliers ont le dos voûté et les épaules en avant. Il faut observer soigneusement, en faisant effacer les épaules, de ne pas trop les jeter en arrière, ce qui ferait creuser les reins.

Il faut aussi avoir attention que les épaules soient également tombantes.

Tête à droite, tête à gauche, tête directe.

Au commandement *tête* — (A) DROITE.

10. Tourner la tête doucement à droite, de manière que le coin de l'œil gauche du côté du nez réponde à la ligne des boutons de la veste.

Au commandement *tête* — (a) GAUCHE.

11. Tourner la tête doucement à gauche, de manière que le coin de l'œil droit du côté du nez réponde à la ligne des boutons de la veste.

Au commandement *tête* — DIRECTE.

12. Replacer doucement la tête droit devant soi.

On finira toujours par replacer la tête directe, qui sera la position habituelle du cavalier.

Observations relatives aux mouvements de tête à droite, tête à gauche, tête directe.

13. Les cavaliers ne devant tourner la tête que pour s'aligner de pied ferme et dans les mouvements de conversion, il est très-essentiel de les habituer à ne la tourner que fort peu.

L'ordre dépendant absolument du calme et de la tranquillité, on ne saurait trop accoutumer les cavaliers sous les armes à exécuter tout ce qui leur est prescrit, sans aucune précipitation.

Des à-droite, à-gauche, et des demi-tours à droite.

1. *Garde à vous.*
2. *Par le flanc droit.*
3. (a) DROITE.

Un temps.

14. Tourner sur le talon gauche, élevant un peu la pointe du pied gauche; rapporter en même temps le talon droit à côté du gauche, et sur le même alignement.

1. *Garde à vous.*

2. *Par le flanc gauche.*

3. (A) GAUCHE.

15. Tourner sur le talon gauche, rapprocher le talon droit à côté du gauche, et sur le même alignement.

1. *Garde à vous.*

2. *Demi-tour —* (A) DROITE.

Deux temps.

16. 1° Faire un demi à-droite ; porter le pied droit en arrière, le talon droit à 8 centimètres (3 pouces) du gauche, le coude-pied droit vis-à-vis du talon gauche ; porter en même temps la main droite au porte-cartouche.

2° Tourner sur les deux talons, les jarrets tendus, en élevant un peu la pointe des pieds ; rapprocher le pied droit à côté du gauche sur le même alignement, et lâcher le porte-cartouche.

Observations relatives aux à-droite, aux à-gauche, et demi-tours à droite.

17. On observera que ces mouvements ne dérangent pas la position du corps, qui doit demeurer incliné en avant.

SECONDE LEÇON.

Du pas ordinaire.

18. Le pas doit être de 65 centimètres (2 pieds), à compter d'un talon à l'autre, et de 76 à la minute.

Les Cavaliers seront placés comme il a été dit à la première leçon, et sur un rang, à la distance d'un pas l'un de l'autre.

Principes du pas ordinaire.

On commandera :

1° *Garde à vous.*
2° *En avant.*
3° MARCHE.

19. Au second commandement, faire porter le poids du corps sur la jambe droite ; au commandement *marche*, porter le pied gauche en avant, vivement et sans secousse, jusqu'au-dessus de la place où il doit poser à terre, le jarret tendu, la pointe du pied un peu baissée et légèrement tournée en dehors ; marquer dans cette position un petit temps d'arrêt ; poser le pied précisément à la place où le temps d'arrêt a été marqué, (*afin de ne pas prolonger le pas par un second mouvement, ni le raccourcir ; ce qui arriverait si le corps était en arrière*) ; avoir attention que tout le poids du corps porte sur le pied qui pose à terre ; passer sans retard la jambe droite en avant, en pliant le genou le moins possible ; le pied

doit effleurer la terre, sans jamais la toucher; il faut le poser doucement et sans frapper ; continuer de marcher le jarret tendu, sans que les jambes se croisent, et la tête toujours directe, sans que les épaules tournent; (*ne point exiger du cavalier que l'on commence à dresser, de s'occuper de l'alignement*).

20. Au commandement *halte*, rapprocher le pied qui est en arrière à côté de l'autre sans frapper.

Il faut commander *halte*, un instant avant que le pied pose à terre, et faire précéder ce commandement de celui de *peloton*.

Observations.

Pour la démonstration du pas ordinaire, on le fera exécuter dans les premières leçons, en le décomposant en deux temps, ainsi qu'il suit :

1° Au commandement *marche*, porter le pied gauche en avant, et rester dans cette position où l'on doit marquer le temps d'arrêt.

2°. Au commandement *deux*, poser le pied gauche à terre, et faire porter tout le poids du corps sur ce pied, la jambe droite un peu pliée, le pied droit prêt à quitter le sol.

Continuer à commander UN, *pour faire porter en avant le pied qui est en arrière, et* DEUX *pour le faire poser à terre.*

Observations relatives aux principes du pas ordinaire.

21. 1° *Le haut du corps en avant;* afin que le poids du corps porte sur le pied qui est à terre; que celui qui est derrière puisse se le-

ver aisément, et que le pas ne soit pas raccourci.

2° Observer que les recrues conservent en marchant la position qu'on leur a donnée, et particulièrement la tête directe, parce qu'elle empêche que les épaules ne tournent.

3° *lacer les recrues à un pas l'un de l'autre;* s'ils étaient coude à coude, ils çontracteraient la mauvaise habitude, en les écartant, de s'appuyer sur ceux qui sont à côté d'eux.

4° Lorsque les cavaliers commencent à former le pas, il est bon de faire marcher devant eux un homme dressé, pour régler la longueur du pas, et leur donner le tact de la cadence.

22. Pour juger si le pas s'exécute bien, l'instructeur doit se placer à dix ou douze pas en avant des cavaliers qui marchent; si, en leur faisant face, il observe qu'ils marchent bien droit devant eux, et s'il ne voit pas la semelle de la chaussure, lorsqu'ils lèvent le pied, il sera assuré que le pas se fait sur de bons principes.

Du port d'armes.

Lorsque les cavaliers commenceront à bien faire le pas ordinaire, on leur apprendra à porter l'arme.

Principes du port d'armes.

DU MOUSQUETON.

23. L'arme dans le bras droit et au défaut de l'épaule, le canon en arrière et d'a-plomb, le bras légèrement ployé sans être ouvert, de manière que le bout du canon dépasse l'aisselle d'environ 8 centimètres (3 pouces), la main droite embrassant la platine, le pouce au-dessus de la sous-garde, le premier doigt dessous, les trois autres derrière le chien ; la contre-platine sur la couture du pantalon , le talon de la crosse environ 5 centimètres (2 pouces) en avant de la pointe du genou , la main gauche pendante sur le côté par-dessus le sabre (*qui sera relevé et fixé au crochet du ceinturon*).

DE LA LANCE.

La lance dans la main droite, qui la tiendra à pleine main, à environ 65 centimètres (2 pieds) du bout ; le bras légèrement étendu, le poignet renversé, le pouce en avant sur la hampe. le premier doigt étendu sur le côté, et les autres dessous ; le bout de la lance à environ 5 centimètres (2 pouces) de terre ; la hampe perpendiculairement fixée au défaut de l'épaule. la main gauche pendante sur le côté par-dessus le sabre (*qui sera relevé et fixé au crochet du ceinturon*).

Attention que doit avoir l'Instructeur, lorsque les cavaliers marchent en portant l'arme.

Les cavaliers placés à un pas l'un de l'autre , sur un rang, l'instructeur les fera marcher au pas ordinaire , et veillera à ce qu'ils conservent la régularité du port d'armes.

24. Les cavaliers de recrues sont sujets à porter le corps en arrière ; le poids de l'arme leur fait baisser l'épaule ; ils écartent le coude et le bras pour reprendre leur équilibre , qui est dérangé par le poids de l'arme ; il faut ne leur passer aucun de ces défauts , rectifier continuellement leur position , en leur ôtant quelquefois l'arme , pour les replacer , et pour ne pas les fatiguer dans les commencements.

Les cavaliers étant parvenus à ce point , on les mettra sur un rang , coude à coude ; on leur commandera :

1° *Garde à vous.*
2° *En avant.*
3° *Guide à droite* (ou *guide à gauche*).
4° MARCHE.

25. Au second commandement (*si le sabre est au crochet*), chaque cavalier jettera la monture du sabre en arrière , et le saisira à la seconde bélière , le fourreau contre la cuisse , le pouce alongé sur le dos , et touchant l'anneau du bracelet inférieur , les autres doigts en dessous. (*Si le sabre n'est pas accroché*) , chaque cavalier jettera la monture du sabre en arrière , saisira le sabre entre les deux bélières , la pointe en avant , le fourreau contre la cuisse , la main fermée , le pouce alongé sur le tranchant.

Les hommes de recrue , n'étant point encore munis de sabre à cette leçon , feront le simulacre de le relever.

Nota. Ce mouvement s'exécutera au commandement d'avertissement, toutes les fois qu'une troupe devra marcher.

26. Le troisième commandement servira à indiquer le côté auquel les hommes doivent tenir.

Au quatrième commandement, les cavaliers marcheront en avant. *On les exercera à marcher* en tenant légèrement à leur voisin, du côté du guide, et à sentir l'alignement par le coude du même côté, sans écarter le coude droit ni le bras gauche ; à céder sans secousse à la pression du côté du guide ; et si le cavalier de ce côté s'éloigne, à ne joindre qu'insensiblement son coude.

27. Ces attentions sont importantes pour empêcher tout flottement dans la marche ; de quelque côté que le guide soit indiqué, les cavaliers conserveront toujours la tête directe.

Dans les demi-tours à droite, on prescrira aux cavaliers d'empoigner le sabre de la main gauche au premier temps, comme il vient d'être prescrit.

TROISIÈME LEÇON.
Du maniement des armes.

DRAGONS ET CAVALERIE LÉGÈRE.

28. Le maniement des armes sera montré à deux cavaliers, d'abord placés en rang, ensuite en file.

L'exécution des commandements sera divisée en temps, et ces temps seront divisés en mouvements, pour montrer aux cavaliers le mécanisme de chaque temps.

La dernière syllabe du commandement décidera l'exécution vive du premier mouvement : les commandements *deux* et *trois*, etc, décideront celle des autres mouvements. Dès que le cavalier connaîtra la position de chaque mouvement d'un temps, on lui montrera aussitôt à exécuter ce temps, sans s'arrêter sur les différents mouvements.

Du maniement des armes.

On commandera :

1° *Garde à vous.*
2° *Maniement des armes.*

MOUSQUETON.	LANCE.
29. Au second commandement, décrocher le sabre, dont on placera la monture en arrière, et ensuite la baguette qu'on laissera pendre.	

MOUSQUETON.

Présentez - (vos) ARMES.

Un temps et un mouvement.

3o. Apporter l'arme de la main droite vis-à-vis de l'œil gauche, perpendiculairement et la sous-garde en avant ; saisir l'arme brusquement de la main gauche au-dessus et contre le ressort de la batterie, le pouce alongé le long du bois, le poignet à hauteur du coude ; la main droite, quittant alors la sous-garde, saisira la poignée.

Portez — (vos) ARMES.

Un temps et deux mouvements.

31 1° Rapporter l'arme des deux mains, le canon à 11 centimètres (4 pouces) de l'épaule droite, la sous-garde en avant ; replacer en même temps la main droite à la platine.

2° Rentrer la main gauche dans le rang, et, de la droite, placer l'arme à l'épaule.

LANCE.

Présentez - (vos) LANCES.

Un temps et un mouvement.

Apporter l'arme de la main droite vis-à-vis de l'œil gauche, la saisir brusquement de la main gauche à hauteur du dernier bouton de l'habit, le pouce alongé le long de la hampe ; la main droite quittant sa position la saisira à environ 65 centimètres (2 pieds) du bout, le pouce en dessous de la hampe, les deux premiers doigts alongés et les autres également dessous.

Portez — (vos) LANCES.

Un temps et deux mouvements.

1° Rapporter l'arme des deux mains contre l'épaule droite, et replacer la main droite, comme au port de la lance. (n° 23).

2° Rentrer la main gauche dans le rang.

MOUSQUETON.

L'arme — (AU) BRAS.

Un temps et quatre mouvements.

32. 1° Détacher l'arme avec la main droite, à 11 centimètres (4 pouces) de l'épaule et perpendiculairement; la saisir de la main gauche à la capucine, le pouce alongé.

2° Elever l'arme des deux mains, en la tournant, le canon en dehors, la porter vis-à-vis du défaut de l'épaule gauche, la main gauche à hauteur de la cravate; couler la main droite jusqu'à la naissance de la crosse, dont le bec touchera le gros de la hanche.

3° Placer l'avant-bras gauche horizontalement sur la poitrine, le chien appuyé dessus, la main ouverte et sur le teton droit, les ongles en haut.

4° Rentrer la main droite dans le rang.

Portez — (VOS) ARMES.

Un temps et quatre mouvements.

33. 1° Saisir l'arme de la main droite à la naissance de la crosse.

LANCE.

NOTA. En travaillant avec tout le régiment, les lanciers, au commandement *l'arme au bras*, exécuteront le mouvement détaillé plus bas de *se reposer sur les armes*, lorsqu'ils seront de pied ferme. En marchant, ils porteront *l'arme à volonté.*

Porter l'arme comme il est dit plus bas.

MOUSQUETON.

2º Détacher l'arme à 16 centimètres (6 pouces) de l'épaule, placer la main gauche à la capucine, le pouce alongé, l'avant-bras sur la platine.

3º Tourner l'arme de la main gauche, en la baissant, la sous-garde en dehors, la main gauche au-dessus de la hanche droite, le canon à 11 centimètres (4 pouces) de l'épaule, saisir la platine avec la main droite.

4º Rentrer la main gauche dans le rang, et, de la droite, placer l'arme à l'épaule.

L'arme sous le bras — GAUCHE.

Un temps et trois mouvements.

34. 1º Détacher l'arme avec la main droite à 11 centimètres (4 pouces) de l'épaule et perpendiculairement, la saisir de la main gauche à la capucine, le pouce alongé.

2º Elever l'arme des deux mains en la tournant le canon en dehors, la porter vis-à-vis du défaut de l'épaule gauche, la main gauche à hauteur de

LANCE.

Mettre l'*arme à volonté* en marchant, et *se reposer sur les armes*, de pied ferme.

la cravate, couler la main droite jusqu'à la naissance de la crosse dont le bec touchera le gros de la hanche.

3° Chasser vivement de la main droite la crosse sous le bras gauche, le coude toujours sur la platine, le petit doigt en avant de la hanche ; le bout du canon incliné vers la terre ; placer la main droite dans le rang.

Portez — (vos) ARMES.

Un temps et trois mouvements.

35. 1° Relever l'arme perpendiculairement, la main gauche à hauteur de la cravate, le coude sur la platine ; la saisir de la main droite à la naissance de la crosse.

2° Tourner l'arme de la main gauche en la baissant, la sous-garde en dehors, la main gauche au-dessus de la hanche droite, le canon à 11 centimètres (4 pouces) de l'épaule ; saisir la platine avec la main droite.

3° Rentrer la main gauche dans le rang, et, de la droite, placer l'arme à l'épaule.

Porter la lance.

MOUSQUETON.

Reposez-vous – (SUR VOS) ARMES.

Un temps et trois mouvements.

36. 1° Détacher avec la main droite l'arme à 11 centimètres (4 pouces) de l'épaule et perpendiculairement, la saisir de la main gauche à la capucine.

2° Placer la main droite au-dessus de la gauche.

3° Alonger le bras droit, et laisser couler l'arme dans la main droite jusqu'à terre, la crosse à 5 centimètres (2 pouces) de la pointe du pied, le coude près du corps, la main gauche dans le rang.

Portez — (VOS) ARMES.

Un temps et trois mouvements.

37. 1° Elever l'arme de la main droite, le pouce alongé, le bout du canon à 11 centimètres (4 pouces) de l'épaule, saisir le mousqueton de la main gauche au-dessus de la droite.

LANCE.

Reposez-vous – (SUR VOS) LANCES.

Un temps et un mouvement.

Laisser glisser la lance jusqu'à terre dans la main droite qui la saisira de suite à hauteur de la cravate, le coude et l'avant-bras collés sur la hampe qui sera maintenue perpendiculairement, de manière que le bout de la douille se trouve placé à côté et à environ 3 centimètres (1 pouce) de distance de la pointe du pied droit, la main gauche pendante sur le côté.

Portez — (VOS) LANCES.

Un temps et deux mouvements.

1° Saisir la lance de la main gauche en l'élevant un peu, la quitter de la droite qui viendra se placer dans la position du port de la lance.

MOUSQUETON.

2° Saisir la platine avec la main droite.

3° Rentrer la main gauche dans le rang, et, de la droite, placer l'arme à l'épaule.

L'arme — A VOLONTÉ.

38. Porter l'arme des deux mains sur l'épaule droite, la poignée reposant sur l'é-paule, la batterie en dessus, la main droite appuyée sur la crosse, le bout du canon en l'air.

LANCE.

2° Abandonner l'arme de la main gauche, qui tombera vivement dans le rang.

Lance — A VOLONTÉ.

Appuyer la lance sur l'é-paule droite, la pointe en arrière, la douille en avant et à environ 16 centimètres (6 pouces) de terre, et tenir la hampe à pleine main, à environ 33 centimètres (1 pied) du bout.

NOTA. Ce mouvement ne s'exécute que pour marcher ; on peut le commander indifféremment, le cavalier étant à la position du port d'armes ou l'arme au bras.

L'arme au bras.

39. Reprendre vivement la position du quatrième mouvement de ce temps, n° 32.

Portez vos lances.

Un temps et un mouvement.

Replacer la lance perpendiculairement, et reprendre la position du port de la lance.

NOTA. Ce commandement doit être prononcé sans être coupé, et comme un avertissement.

Observations.

Ce mouvement (l'arme à volonté) est indispensable à la cavalerie, pour manœuvrer à pied ;

il remplace la position du port d'armes n° 23, ou de l'arme au bras n° 32, que le cavalier ne peut conserver en marchant sans se fatiguer, ou sans être gêné par le sabre.

LANCIERS.

Croisez — (LES) LANCES.

Un temps et deux mouvements.

40. 1° Faire demi-à droite sur le talon gauche, placer en même temps le pied droit en équerre derrière le talon gauche, le coude-pied à 8 centimètres (3 pouces) du talon ; détacher l'arme avec la main droite, à 11 centimètres (4 pouces) de l'épaule et perpendiculairement.

Position du premier rang.

2° Abattre l'arme avec la main droite dans la main gauche, qui la saisira à environ 50 centimètres (18 pouces) de la droite, le coude gauche près du corps, le haut du corps en avant, la main droite appuyée sur la hanche droite, la pointe de la lance à hauteur de l'œil.

Position du deuxième rang.

2° Abattre entre son chef-de-file et le lancier de droite, sans les toucher, l'arme avec la main droite, dans la main gauche, qui la saisira à environ 50 centimètres (18 pouces) de la droite, le coude gauche près du corps, le haut du corps en avant, la main droite appuyée sur la hanche droite, la pointe de la lance à hauteur de l'œil ; porter en même temps le talon droit à 16 centimètres (6 pouces) sur le côté, et à environ 8 centimètres (3 pouces) en arrière du talon gauche.

Portez — (VOS) LANCES.

Un temps et deux mouvements.

41. 1° Tourner sur le talon gauche pour se mettre face en tête; rapporter le talon droit à côté du gauche, redresser la lance de la main gauche, en la portant à l'épaule droite, la main droite la ressaisissant comme au port d'armes.

2° Abandonner l'arme de la main gauche, qui tombera vivement dans le rang.

Les cavaliers étant reposés sur les armes, lorsqu'on voudra faire repos dans cette position, on commandera :

REPOS.

MOUSQUETON.	LANCE.
42. A ce commandement, le cavalier étendra la main droite sur le canon, en appuiera le bout contre la cuisse droite, et remettra le sabre et la baguette au crochet.	A ce commandement, le lancier laissera tomber la main droite, qu'il étendra sur la hampe de sa lance, en l'appuyant contre l'épaule droite.

Pour faire passer les cavaliers de l'état du repos à celui d'immobilité, on commandera :

1° *A vos rangs.*
2° *Garde à vous.*

43. Au second commandement, le cavalier reprendra sa position de *reposer sur les armes*, n° 63.

Les cavaliers étant à la position de reposer sur les armes (et les rangs étant ouverts), pour faire repos, on pourra commander :

Mousqueton — (A) TERRE.

Un temps et deux mouvements.

44. 1º A la première partie du commandement, qui est *mousqueton*, tourner l'arme de la main droite, la contre-platine en avant, saisir le sabre de la main gauche, ainsi qu'il est expliqué nº 23. A la deuxième partie du commandement, qui est (à) *terre*, courber brusquement le corps, avancer le pied gauche d'environ 65 centimètres (2 pieds), poser l'arme à terre droit devant soi, avec la main droite, la batterie en dessus, le talon de la crosse restant toujours à hauteur de la pointe du pied droit, le jarret droit un peu plié, et le talon élevé.

2º Se relever, rapporter le pied gauche à côté du droit, quitter le sabre et placer les deux mains à leur position.

Observation.

Ce mouvement est nécessaire, lorsque le repos doit être de quelque durée.

45. Dans cette position, on commandera *repos*, ou *rompez vos rangs, marche.*

Pour recommencer le travail, on commandera :

1º *A vos rangs.*

2º *Garde à vous.*

46. Au commandement *garde à vous*, reprendre la position du second mouvement de *mousqueton à terre.*

Ensuite on commandera :

Relevez — (VOS) ARMES.

Un temps et deux mouvements.

1º A la première partie du commandement, saisir le sabre de la main gauche. A la deuxième partie du commandement, se courber comme pour le premier mouvement de *mousqueton à terre.*

2º Relever l'arme, rapporter le pied gauche à côté du droit, et tourner aussitôt le mousqueton avec la main droite, la sous-garde en avant, lâcher en même temps le sabre, et laisser tomber la main gauche à sa position.

Les Cavaliers ayant présenté les armes, pour mettre le genou à terre, on commandera :

Genou — (A) TERRE.

Un temps et un mouvement.

47. Porter vivement le pied droit en arrière, le talon en l'air, les doigts de pied pliés; poser doucement le genou à terre à 3o ou 32 centimètres (10 ou 12 pouces) en arrière, et à environ 16 centimètres (6 pouces) sur la droite du talon gauche; descendre en même temps l'arme avec la main gauche, poser la crosse à terre (ou la douille pour les lanciers), sans frapper, la placer d'aplomb devant la cuisse droite, et porter la main droite à la coiffure, pour saluer, les doigts serrés et en l'air, la paume de la main en avant.

Portez — (VOS) ARMES.
Un temps et trois mouvements.

48. 1º A la première partie du commandement, qui est *portez*, se relever, rapporter le talon droit à côté du gauche, et reprendre la position de présenter les armes, nº 3o.

2º et 3º A la deuxième partie du commandement qui est *vos armes*, porter l'arme, en deux mouvements, comme il est expliqué nº 31.

On a cru nécessaire de détailler un mouvement qui s'exécute souvent.

De l'inspection des armes.

Les cavaliers étant reposés sur les armes, on commandera :

1° *Garde à vous.*

2° *Pour l'inspection des armes.*

MOUSQUETON.	LANCE.

49. Au second commandement, décrocher la baguette, ainsi que le sabre dont on placera la poignée en avant.

Au second commandement, décrocher le sabre dont on placera la poignée en avant.

3° *Inspection* — (DES) ARMES.

Un temps et quatre mouvements.

Un temps et deux mouvements.

5o. 1° Elever le mousqueton de la main droite et le passer dans la gauche, le saisir de cette main au-dessous de la capucine, la paume de la main touchant le ressort de batterie ; descendre l'arme le long et près du corps, le bras gauche légèrement ployé, l'avant-bras appuyé au-dessus de la hanche, la sous-garde touchant la cuisse gauche, l'arme inclinée de manière que le bout du canon soit dans la direction de l'œil droit, à 12 centimètres (4 pouces) du corps ; placer la main droite au bout du ca-

1° Se mettre à la position de se reposer sur les armes.

Lorsque l'instructeur aura

MOUSQUETON.

non, le pouce alongé et à 3 centimètres (1 pouce) de la bouche du canon.

2° Prendre la lanière près du bouton d'assemblage avec le pouce et le premier doigt de la main droite, la couler jusqu'à l'anneau de la vis, pour saisir la baguette avec les mêmes doigts, la mettre dans le canon et l'y laisser tomber, replaçant ensuite l'arme à la position de se reposer sous les armes, la main gauche dans le rang.

Lorsque l'instructeur se présentera pour inspecter l'arme du cavalier, ou au commandement TROIS.

3° Faire passer vivement l'arme de la main droite dans la main gauche, la platine en dehors, le petit doigt touchant le ressort de batterie, la main vis-à-vis de l'épaule et à hauteur de la bouche, le coude abattu.

NOTA. S'il le juge à propos, l'instructeur prendra l'arme et la rendra, après l'avoir examinée, le cavalier ne

LANCE.

dépassé de deux hommes le lancier inspecté, ou au commandement DEUX.

2° Passer la lance à gauche et la maintenir avec le bras gauche, en l'appuyant contre l'épaule, saisir le sabre de la main gauche au-dessous du premier anneau, de manière que le fourreau soit contenu bien perpendiculairement le long de la cuisse.

faisant aucun mouvement.

Lorsque l'Instructeur aura dépassé de deux hommes le cavalier inspecté, ou au commandement QUATRE.

4° Descendre l'arme de la main gauche, retirer la baguette, la laisser tomber à sa position.

Elever de nouveau le mousqueton, le canon en dehors, la main gauche à hauteur de la cravate, prendre de la main droite le crochet du mousqueton, le porter près de la barre, accrocher l'anneau, empoigner l'arme au-dessous de la platine, et la faire passer vivement derrière soi ; saisir de suite le sabre de la main gauche au-dessous du premier anneau, de manière que le fourreau soit maintenu perpendiculairement le long de la cuisse.

POUR TOUTE ARME.

Mettre le sabre à la main en deux temps. Au détail, l'instructeur commandera :

1° *Garde à vous.*

2° *Sabre* — (A LA) MAIN.

1° Tourner la tête à gauche, passer le poignet de

la main droite dans la dragonne ; saisir le sabre à la poignée, pour dégager la lame du fourreau d'environ 16 centimètres (6 pouces), et replacer la tête directe.

2° Tirer vivement le sabre en étendant le bras en avant de toute sa longueur, le porter à l'épaule droite, le dos appuyé au défaut de l'épaule, le poignet reposé sur la hanche, le bras légèrement tendu, le coude naturellement détaché du corps, le petit doigt en dehors de la poignée.

Lorsque l'Instructeur se présentera pour inspecter l'arme du cavalier, ou lorsqu'au détail il commandera :

Inspection — (DU) SABRE (1).
Trois temps.

52. 1° Porter le sabre en avant, le bras demi-tendu, le pouce à hauteur et à 16 centimètres (6 pouces) de la cravate, le sabre perpendiculaire, le plat de la lame en avant, le tranchant à gauche, le pouce alongé sur le côté droit de la poignée, le petit doigt toujours en dehors.

2° Tourner le poignet en dedans pour présenter l'autre côté de la lame.

Lorsque l'Instructeur aura dépassé de deux hommes le cavalier inspecté, ou au commandement TROIS.

MOUSQUETON.	LANCE.
3° Tourner la tête à gauche, approcher le poignet près et vis-à-vis de l'épaule gauche, baisser la lame de façon qu'elle passe en croix le long du bras gauche, la	3° Tourner la tête à gauche, approcher le poignet près et vis-à-vis de l'épaule gauche, baisser la lame de façon qu'elle passe en croix le long du bras gauche, la

---

(1) Ce commandement doit être substitué, dans ce cas, à celui de *présentez le sabre*, qui est un mouvement différent.

MOUSQUETON.	LANCE.
pointe derrière, la remettre dans le fourreau, et accrocher le sabre et la baguette ; saisir alors le mousqueton de la main droite à la poignée, placer la main gauche à la capucine, le coude sur la platine, dans la position du deuxième mouvement de l'arme sous le bras gauche, décrocher le porte-mousqueton ; le pousser en arrière, et replacer l'arme comme au commandement *reposez-vous sur vos armes.*	pointe derrière, la remettre dans le fourreau, et accrocher le sabre ; replacer la lance dans la main droite, et prendre la position de *reposez-vous sur vos lances.*

Observations.

Lorsque les cavaliers auront bien conçu le mécanisme de ces différents mouvements, on les leur fera exécuter au seul commandement, *inspection des armes.*

De la charge du mousqueton.

Les cavaliers étant au port d'armes, on commandera :

1° *Garde à vous.*

2° *Pour charger les armes.*

53. Au second commandement, décrocher la baguette, ainsi que le sabre dont on placera la monture en arrière.

Nota. Dans les exercices de détail, ce commandement ne se fait qu'une fois pour l'exécution des différentes charges, et ne s'exécute que dans le cas où on n'aurait pas fait le maniement d'armes précédent.

3° *Charge en douze temps.*

4° *Chargez* — (VOS) ARMES.

Premier temps, deux mouvements.

54. Faire un demi-à droite sur le talon gauche, placer le pied droit en équerre derrière le talon gauche, le coude-pied à 8 centimètres (3 pouces) du talon, détacher l'arme avec la main droite à 12 centimètres (4 pouces) de l'épaule et perpendiculairement, la saisir de la main gauche, le petit doigt touchant le ressort de batterie, le pouce sur le canon, l'élever des deux mains, la gauche à hauteur du teton droit, baisser le coude et saisir la poignée, sans que le premier doigt quitte la sous-garde.

2° Chasser de la main gauche la crosse sous le bras, le petit doigt touchant toujours le ressort de batterie, la sous-garde un peu en dehors, la poignée à 5 centimètres (2 pouces) environ au-dessous du teton droit, le coude gauche collé au corps, le bout du canon à hauteur du menton ; le pouce de la main droite se placera en même temps contre la batterie, au-dessus de la mâchoire du chien ; les quatre doigts fermés, l'avant-bras droit le long de la crosse.

Ouvrez — (LE) BASSINET.

Second temps, un mouvement.

55. Découvrir le bassinet en poussant fortement la batterie avec le pouce de la main droite, résister de la main gauche, retirer le coude en arrière, porter la main au porte-cartouche, et l'ouvrir.

Prenez — (LA) CARTOUCHE.

Troisième temps, un mouvement.

56. Prendre une cartouche, la tenir entre le pouce et les deux premiers doigts, la porter entre les dents.

Déchirez — (LA) CARTOUCHE.

Quatrième temps, un mouvement.

57. Déchirer la cartouche, jusqu'à la poudre, la tenant près de l'ouverture entre le pouce et les deux premiers doigts, la descendre de suite et la placer droite contre le bassinet, le coude appuyé sur la crosse.

AMORCEZ.

Cinquième temps, un mouvement.

58. Baisser la tête, porter l'œil sur le bassinet, le remplir de poudre, comprimer la cartouche près de l'ouverture avec le pouce et le premier doigt, relever la tête, porter la main droite derrière la batterie, en appuyant les deux derniers doigts dessus.

Fermez — (LE) BASSINET.

Sixième temps, un mouvement.

59. Résister de la main gauche, fermer fortement le bassinet avec les deux derniers doigts, tenant toujours la cartouche dans les deux premiers, saisir de suite la poignée de l'arme avec les deux derniers doigts et la paume de la main droite, le poignet joint au corps, le coude en arrière et un peu détaché du corps.

L'arme — (A) GAUCHE.

Septième temps, deux mouvements.

60. 1º Redresser l'arme en étendant fortement le bras

droit de sa longueur, tourner l'arme dans la main gauche, la batterie en dehors, et faire en même temps face en tête en portant le pied droit en avant, le talon vis-à-vis et à 8 centimètres (3 pouces) du coude-pied gauche.

2° Lâcher l'arme de la main droite, la descendre de la gauche, le long et près du corps, le bras légèrement ployé, l'avant-bras appuyé au-dessus de la hanche, la paume de la main touchant le ressort de batterie, la sous-garde touchant la cuisse gauche, l'arme inclinée de manière que le bout du canon soit dans la direction de l'œil, droit à 12 centimètres (4 pouces) du corps ; la saisir avec les deux derniers doigts de la main droite à 3 centimètres (1 pouce) du bout du canon, tenant toujours la cartouche avec la paume de la main et les deux derniers doigts, l'arme touchant la cuisse gauche, le bout du canon à 12 centimètres (4 pouces) du corps, le saisissant des deux derniers doigts de la main droite à 3 centimètres (1 pouces) du bout.

Cartouche — (DANS LE) CANON.

Huitième temps, un mouvement.

61. Porter l'œil sur le bout du canon, tourner brusquement le dessus de la main droite vers le corps, pour renverser la poudre dans le canon, le coude à hauteur du poignet ; secouer la cartouche et laisser la main renversée, les doigts serrés sans les fermer.

Prenez — (LA) BAGUETTE.

Neuvième temps, un mouvement.

62. Prendre la lanière près du bouton d'assemblage, avec le pouce et le premier doigt de la main droite, les couler jusqu'à l'anneau de la vis, pour saisir la baguette avec les mêmes doigts, l'élever perpendiculairement, la mettre dans le canon et l'enfoncer jusqu'à la main.

BOURREZ.

Dixième temps , un mouvement.

63. Bourrer deux fois distinctement, tenant le poignet un peu en dedans, et le coude au corps, sans jamais abandonner la baguette.

Remettez — (LA) BAGUETTE.

Onzième temps, un mouvement.

64. Tirer vivement la baguette hors du canon, en alongeant le bras, la descendre à sa position et placer la main droite à 3 centimètres (1 pouce) du bout du canon, le pouce alongé.

Portez — (VOS) ARMES.

Douzième temps, deux mouvements:

65. 1º Elever l'arme perpendiculairement de la main gauche, en la tournant, le canon à 12 centimètres (4 pouces) et vis-à-vis de l'épaule droite, descendre la main droite, pour saisir la platine, comme au port d'armes, et placer le pied droit à côté du gauche.

2º Rentrer la main gauche dans le rang, et de la droite placer l'arme à l'épaule.

Commandements pour les feux.

NOTA. L'Instructeur aura soin de se placer toujours derrière la troupe pour commander les feux, parce qu'il est important que l'homme de recrue s'habitue à entendre le commandement fait ainsi :

1º *Garde à vous.*

2º *Pour les feux.*

65 Au second commandement, chaque cavalier du second rang déboitera, en portant le pied droit à 16 centimètres (6 pouces) sur la droite, et le pied gauche à côté et sur le même alignement que le droit, pour se placer vis-à-vis le créneau de droite de son chef-de-file.

3°' *Apprêtez* — (VOS) ARMES.

Un temps et trois mouvements.

66. 1° Faire un demi-à droite sur le talon gauche, placer le pied droit en équerre derrière le talon gauche, le coude-pied à 8 centimètres (3 pouces) du talon; détacher l'arme avec la main droite à 12 centimètres (4 pouces) de l'épaule, et perpendiculairement, la saisir de la main gauche, le petit doigt touchant le ressort de batterie, le pouce alongé.

2° Elever perpendiculairement l'arme des deux mains, la gauche à hauteur de la cravate, le pouce alongé, placer le pouce de la main droite sur la tête du chien, les autres doigts sous la sous-garde.

3° Fermer vivement le coude droit en armant, et saisir la poignée.

(EN) JOUE.

Un temps et un mouvement.

67. Abattre brusquement le bout du canon, appuyer la crosse contre l'épaule droite, le bout du canon plus bas qu'elle, les coudes abattus sans être serrés au corps, le petit doigt toujours touchant le ressort de batterie; fermer l'œil gauche, diriger l'œil droit le long du canon, baisser la tête sur la crosse pour ajuster et placer le premier doigt sur la détente.

Position du second rang.

68. Au commandement *en joue*, exécuter le même

mouvement que le premier rang, en se fendant du pied gauche à 16 centimètres (6 pouces) en avant; et afin que l'arme dépasse le premier rang, ployer un.peu le genou gauche et porter le poids du corps sur cette partie, en tendant le jarret droit.

Si l'on voulait faire redresser l'arme avant de faire feu, on commanderait :

Redressez — (vos) ARMES.

69. Redresser vivement l'arme et reprendre la position du troisième mouvement d'apprêter les armes, le second rang restant vis-à-vis de son créneau, et rapportant le talon gauche vis-à-vis du coude-pied droit.

(EN) JOUE.

70. Comme il a été prescrit.

FEU.

Un temps et un mouvement.

71. Appuyer avec force le premier doigt sur la détente pour la faire partir, sans baisser davantage la tête, et rester dans cette position.

Si on veut continuer les feux, on commandera :

CHARGEZ.

Un temps et un mouvement.

72. Retirer vivement l'arme, pour reprendre la position du sixième temps de la charge, excepté que le pouce de la main droite saisira la tête du chien avec le premier doigt plié, les deux autres fermés ; mettre de suite le chien au repos et porter la main au porte-cartouche.

Dans cette position, l'Instructeur commandera les différents mouvements de la charge en douze temps, le second rang restant vis-à-vis de son créneau.

Si, après avoir fait feu, on ne veut pas faire recharger les armes, on commandera :

Portez — (vos) ARMES.

Un temps et trois mouvements.

73. 1º Au Commandement *portez*, même mouvement que celui détaillé ci-dessus nº 72, au commandement *chargez.*

2º Au commandement (*vos*) *armes*, redresser l'arme avec la main gauche, reprendre la position du premier mouvement du douzième temps de la charge, et faire en même temps face en tête, chaque cavalier du second rang se replaçant vivement derrière son chef-de-file, en partant du pied gauche.

3º Rentrer la main gauche dans le rang, et de la droite assurer l'arme à l'épaule.

74. Les cavaliers étant à la position de *en joue*, si on ne veut pas faire feu, on commandera :

Portez — (vos) ARMES.

Un temps et trois mouvements.

1º Au commandement *portez*, redresser l'arme, mettre le chien au repos, et saisir l'arme à la poignée.

2º Au commandement *armes*, descendre l'arme à la position du premier mouvement du douzième temps de la charge, et faire en même temps face en tête, chaque cavalier du second rang se replaçant vivement derrière son chef-de-file, *comme il vient d'être dit.*

3° Rentrer la main gauche dans le rang, et de la droite assurer l'arme à l'épaule.

Même commandement, si les cavaliers avaient seulement apprêté l'arme.

Charge précipitée, divisée en quatre temps.

Les cavaliers ayant exécuté le commandement *pour charger les armes*, n° 53, on commandera :

● 3° *Charge précipitée.*

4° *Chargez* — (vos) ARMES.

Quatre temps.

75. 1° Abattre l'arme dans la main gauche, ouvrir le bassinet, prendre la cartouche, la déchirer, amorcer et porter les deux derniers doigts derrière la batterie.

2° Fermer le bassinet, passer l'arme à gauche, mettre la cartouche dans le canon, prendre la baguette et la mettre dans le canon.

3° Bourrer deux fois distinctement, replacer la baguette, placer la main droite au bout du canon, le pouce alongé.

4° Porter l'arme, en retirant le talon droit sur l'alignement du gauche, la main gauche rentrant vivement dans le rang.

Observation relative à la charge précipitée.

76. Dans cette charge, il est essentiel de faire distinguer aux cavaliers les temps qu'ils doivent précipiter, et ceux dont l'exécution exige le plus de régularité, comme amorcer, mettre la cartouche dans le canon et bourrer.

Charge à volonté.

Après l'exécution du commandement *pour charger les armes*, on commandera :

3° *Charge à volonté.*

4° *Chargez* — (VOS) ARMES.

77. Exécuter de suite les quatre temps de la charge précipitée, sans s'arrêter sur aucun, et sans que les cavaliers se réglent les uns sur les autres.

NOTA. On ne doit exiger d'ensemble que pour abattre l'arme dans la main gauche.

Observations relatives au maniement des armes,
à la charge et aux feux.

78. Lorsqu'on fera exécuter les feux après la charge à volonté, les cavaliers, au commandement *chargez*, en revenant à la position du sixième temps de la charge, mettront le chien au repos, comme il est dit n° 72, et n'exécuteront plus que la charge à volonté.

Pour peu que la position du corps ne soit pas parfaitement établie, le maniement des armes étant sujet à la déranger, il ne faut y employer que le tiers du temps de la leçon, ou tout au plus la moitié, et le reste à la marche.

On finira par faire exécuter les feux à balle et à la cible.

L'Instructeur veillera à ce qu'aucun cavalier ne mette jamais plus d'une cartouche dans le eanon. On accoutumera le cavalier, en mettant le chien au repos, à observer si la fumée sort par la lumière, ce qui est une indication sûre que le coup est parti ; et si elle ne sort pas, au lieu de recharger son arme, il se retirera derrière le rang, pour épingler et amorcer de nouveau.

Exercice de la Lance.

Les recrues, pour l'exercice de la lance, seront placés sur un rang, à cinq pas d'intervalle entre eux.

Etant au port d'armes, on commandera :

1° *Gards à vous.*
2° *Reposez-vous* — (sur vos) LANCES.

Un temps et un mouvement.

79. Comme il est expliqué n° 36, en supprimant, *la main gauche sur le côté*, et ajoutant :

Le pied gauche s'écartant de suite à la distance de 32 centimètres (1 pied) du pied droit, les talons sur le même alignement ; la main gauche se plaçant à la position indiquée pour la main de la bride à cheval.

NOTA. On doit se servir, pour l'instruction à pied, des mêmes explications qu'à cheval, parce que les exercices de la lance ne doivent être pratiqués qu'à cheval.

Croisez — (VOS) LANCES.

Un temps et un mouvement.

80. Au commandement *croisez*, élever la lance legèrement pour la dégager de la botte.

Au commandement *vos lances*, baisser la pointe en la portant en avant, de manière à ce que la hampe reste collée au coude et se trouve horizontalement placée à environ 5 centimètres (2 pouces) au-dessous du teton droit; la lance bien soutenue sous le bras, le pouce alongé sur la hampe, les doigts fermés; le bout de la lance en arrière, élevé à environ 32 centimètres (1 pied) au-dessus de la croupe du cheval.

Observations pour l'instruction à cheval.

La lance ainsi placée, la pointe doit dépasser la tête du cheval, se trouver à peu près à la hauteur des oreilles d'un cheval d'encolure ordinaire, de manière qu'en pointant en avant, elle arrive un peu au-dessous de la poitrine du cavalier ennemi. Lorsque les rangs seront serrés, à la dernière syllabe du commandement, le second rang exécutera le même mouvement, à la différence seulement que la lance, au lieu d'être placée horizontalement, sera baissée, de manière à ce que la pointe se trouve à la hauteur de la sommité des schakos des lanciers du premier rang.

En avant — POINTEZ.

Un temps et deux mouvements.

81. 1º Au commandement *en avant*, porter le coude

du bras droit en arrière, le bras demi-tendu, conservant la position horizontale de la lance dont la pointe doit se trouver ramenée un peu au-dessous du teton droit.

2° Au commandement *pointez*, s'enlever légèrement sur les étriers, en portant le haut du corps en avant, chasser la lance avec force, en la passant près de l'oreille droite du cheval, et ajuster droit, de manière à pointer un peu au-dessus de la ceinture, ramener de suite la lance dans la position des lances croisées, en reprenant la position ordinaire du lancier à cheval.

En arrière à droite. — LANCES.

Un temps et deux mouvements.

82. 1° Au commandement *en arrière à droite*, élever la pointe de la lance au-dessus de la tête du cheval, de manière que le fer se trouve à la hauteur et vis-à-vis de l'œil gauche du lancier.

2° Au commandement *lances*, tourner la lance entre le pouce et le premier doigt de la main, les trois autres fermés, de manière à ce que la pointe décrive un demi-cercle, la lance rasant la cuisse et la jambe droites, et venant se placer de suite horizontalement sous le bras droit dans la position des lances croisées, la pointe en arrière ; serrer la hampe de la lance sous l'aisselle, l'abandonner de la main droite qui se trouve renversée, pour la ressaisir de suite, le pouce en dessus, les doigts fermés, comme il est prescrit au commandement *croisez — lances*.

En arrière — POINTEZ.

Un temps et deux mouvements.

83. 1° Au commandement *en arrière*, étendre le bras

droit en avant de toute sa longueur, de manière que la main se trouve à hauteur du menton, tourner la tête à droite.

2° Au commandement *pointez*, retirer le bras en arrière en chassant la lance avec force, dirigeant la pointe en ligne droite, à hauteur de la ceinture (1); ramener de suite la lance sous le bras, à la position indiquée au mouvement *croisez — lances*.

En arrière à droite — POINTEZ.

Un temps et deux mouvements.

84. 1° Au commandement *en arrière à droite*, étendre le bras droit en avant de toute sa longueur, de manière que la main se trouve à hauteur de la cravate, le bout de la lance à gauche, tourner légèrement la tête à droite.

2° Au commandement *pointez*, retirer le bras en arrière, en chassant la lance avec force, dirigeant la pointe à droite diagonalement et à hauteur de ceinture; après avoir pointé, ramener de suite la lance sous le bras, à la position des lances croisées.

En arrière à gauche — LANCES.

Un temps et deux mouvements.

85. 1° Au commandement *en arrière à gauche*, élever le bout de la lance au-dessus de la tête du cheval, de manière qu'il réponde à la ligne de l'œil gauche du lancier.

2° Au commandement *lances*, tourner la lance, de manière à lui faire parcourir l'étendue du cercle, la pointe passant devant le corps du lancier, et la hampe

---

(1) Si on combattait contre l'infanterie, il faudrait diriger la lance vers la poitrine de l'homme.

venant se placer dans le pli du bras gauche, le corps restant droit, le bout de la lance au-dessus de la tête du cheval, la pointe en arrière un peu plus basse, se dirigeant au-dessus de la ceinture d'un homme à cheval.

En arrière à gauche — POINTEZ.

Un temps et deux mouvements.

86. 1º Au commandement *en arrière à gauche*, étendre le bras droit en avant de toute sa longueur, la main à hauteur du menton, la lance appuyée légèrement sur l'avant-bras gauche, près du pli du coude, tourner la tête à gauche.

2º Au commandement *pointez*, chasser avec force la lance en arrière, en la dirigeant toujours un peu au-dessus de la ceinture de l'homme à cheval, ramener de suite la lance dans la position indiquée au mouvement *en arrière à gauche — lances*, le poignet droit rapproché du creux de l'estomac, la main gauche ne quittant point la position de la main de la bride.

En avant — LANCES.

Un temps et un mouvement.

87. Elever la lance de la main droite, le bras tendu au-dessus de la tête, tenir la lance à pleine main, la tourner rapidement à droite, de manière à lui faire parcourir un cercle et demi, ramenant la 'pointe en avant, et la replacer de suite au mouvement de *croisez vos lances.*

Par moulinet en arrière à gauche — LANCES.

Un temps et un mouvement.

88. Au commandement *par moulinet en arrière à gauche*, diriger la pointe de la lance un peu à droite, la saisir entre les deux premiers doigts de la main.

Au commandement *lances*, l'élever au-dessus de la tête de toute la longueur du bras; la tourner rapidement, de manière à lui faire parcourir un cercle et demi, la saisir de suite à pleine main, les doigts fermés, et la placer dans le pli du coude du bras gauche, comme il a été expliqué au mouvement *en arrière à gauche lances*, n° 85.

En arrière à droite — LANCES.

Un temps et deux mouvements.

89. 1° Au commandement *en arrière à droite*, porter le bout de la lance à gauche, de manière qu'il réponde à la ligne de l'œil gauche du lancier.

2° Au commandement *lances*, tourner la lance de manière à lui faire parcourir l'étendue du cercle, la pointe passant devant le corps du lancier, et la hampe venant se placer sous le bras droit, dans la position des lances croisées en arrière.

En avant — LANCES.

Un temps et deux mouvements.

90. Même explication qu'au n° 82, pour le commandement *en arrière à droite lances*, en appliquant à la douille de la lance, tout ce qui est dit de la pointe.

Parez à gauche — ET A DROITE POINTEZ.

Un temps et quatre mouvements.

91. 1° Au commandement *parez à gauche*, élever la pointe de la lance à environ 8 centimètres (3 pouces) au-dessus de la ligne horizontale de la tête, et un peu à droite.

2° Au commandement *et à droite pointez*, descendre avec force la lance, en rasant le dessus de l'encolure du

cheval, poussant la pointe à gauche, de manière à asséner un fort coup sur l'arme, la tête ou la poitrine de
l'homme à pied ; parer horizontalement si c'est un cavalier, et ramener de suite la lance sous le bras droit.

3o Porter le coude du bras droit en arrière, le bras
demi-tendu, conservant la position horizontale de la
lance, dont la pointe doit se trouver un peu au-dessus
du teton droit.

4o S'enlever légèrement sur les étriers en portant le
haut du corps en avant, chasser la lance avec force,
ajuster le coup à droite, diagonalement à la poitrine de
l'homme à pied, et un peu au-dessus de la ceinture du
cavalier ; ramener ensuite sa lance comme au second
commandement.

Parez à droite — ET À GAUCHE POINTEZ.
Un temps et quatre mouvements.

92. 1o Au commandement *parez à droite*, élever la
pointe de la lance, de manière qu'elle se trouve à environ 8 centimètres (3 pouces) au-dessus de la ligne horizontale de la tête et un peu à gauche.

2o Au commandement *et à gauche pointez*, descendre
brusquement la lance en la passant au-dessus de l'encolure, la poussant à droite, de manière à asséner un fort
coup de son travers sur l'arme, la tête ou la poitrine
de l'homme à pied, et la ramener sous le bras droit.

3o Porter le coude du bras droit en arrière, le bras
demi-tendu, conservant la position horizontale de la
lance, la pointe au dessous du teton droit dirigée à
gauche.

4o S'enlever légèrement sur les étriers, portant le haut
du corps en avant ; lancer vivement le coup à gauche
de l'encolure du cheval, et ramener ensuite la lance à
la position des *lances croisées.*

Parez à droite et à gauche, — ET EN AVANT
POINTEZ.

Un temps et quatre mouvements.

93. 1º Au commandement *parez à droite et à gauche,* élever légèrement la pointe de la lance en la portant un peu à gauche.

2º Au commandement *et en avant pointez,* chasser vivement la lance de gauche à droite, en la passant horizontalement par dessus l'encolure du cheval, la ramener brusquement de droite à gauche, pour asséner le coup de travers et la replacer sous le bras droit.

3º Porter le coude du bras droit en arrière, le bras demi-tendu, conservant la position horizontale de la lance, dont la pointe doit se trouver ramenée un peu au-dessus du teton droit.

4º S'enlever légèrement sur les étriers, en portant le haut du corps en avant, chasser la lance avec force, et ajuster droit de manière à pointer un peu au-dessus de la ceinture, ramener de suite la lance dans la position des *lances croisées,* en reprenant la position ordinaire du lancier à cheval.

A l'entour — PAREZ.

Un temps et deux mouvements.

94. Au commandement à *l'entour,* diriger la pointe de la lance un peu à droite.

2º Au commandement *parez,* agiter vivement la lance de droite à gauche et de gauche à droite, sur un plan horizontal, sans jamais abandonner la lance de l'avant-bras, le coude devant rester presque continuellement collé à la hampe ; continuer jusqu'à ce qu'il soit fait un nouveau commandement :

Nota. Pour prononcer le commandement d'exé-cution du nouveau mouvement, on saisira l'instant où la lance se trouvera dans la position préparatoire du mouvement qu'on voudra faire exécuter.

En arrière à droite — LANCES.
Un temps et deux mouvements.

95. Comme il a été expliqué n° 82.

A terre — POINTEZ.
Un temps et deux mouvements.

96. 1° Au commandement *à terre*, élever le bras pour redresser la lance perpendiculairement, la pointe en bas à environ 32 centimètres (1 pied) de terre.

2° Au commandement *pointez*, donner le coup de pointe à terre, et reprendre de suite la position de ces croisées en arrière.

En avant — LANCES.

Un temps et deux mouvements.

97. Comme au n° 90.

Reposez-vous — (SUR VOS) LANCES.
Un temps et un mouvement.

Redresser la lance, placer le bout à côté et à environ 3 centimètres (1 pouce) de distance de la pointe du pied droit, la main droite la tenant à hauteur de la cravate.

Lorsqu'on voudra faire repos, on commandera :

REPOS.

3

99. Même détail qu'au n° 42, *en ajoutant :*

Rapportant le pied gauche près du droit et la main gauche sur le côté.

Pour reprendre le travail, on commandera :

1° *A vos rangs.*

2° *Garde à vous.*

100. Au second commandement, le lancier reprendra la position de se reposer sur les lances, indiquée n° 79.

Lorsqu'on voudra cesser le travail, le lancier étant reposé sur la lance, on commandera :

Portez — (VOS) LANCES.

Un temps et deux mouvements.

101. Ces deux mouvements seront semblables à ceux détaillés au n° 37, en ajoutant au premier :

Rapporter en même temps le pied gauche à côté sur l'alignement du droit, et la main gauche sur côté.

Escrime du Sabre.

102. Pour donner aux cavaliers de recrues les principes de l'escrime du sabre, on les disposera comme pour l'exercice de la lance, mais à quatre pas d'intervalle seulement.

Dans cette position, on leur fera exécuter ce qui est prescrit dans le livret de l'escrime du sabre.

QUATRIÈME LEÇON.

Des alignements, des différents pas, de la marche de flanc et des conversions.

___

Des alignements.

103. On réunira six cavaliers de front, pour les instruire aux alignements.

L'instructeur fera porter trois cavaliers à trois ou quatre pas en avant du rang ; il les alignera et il commandera :

1° *Garde à vous.*

2° *Par cavalier — à droite —* ALIGNEMENT.

A ce commandement, chaque cavalier se portera successivement et rapidement en avant, tournera la tête du côté de l'alignement, joindra le coude du côté du cavalier vers lequel il a la tête tournée, de manière à sentir légèrement le coude sans ouvrir le sien, pour n'être pas obligé de se jeter du côté opposé ; il observera de ne pas dépasser l'alignement, et de se placer de manière à voir la ligne des yeux, et à apercevoir légèrement la poitrine du second homme du côté de l'alignement, de façon à n'être jamais dans le cas de reculer.

L'alignement fini, on commandera :

FIXE.

104. A ce commandement les cavaliers cesseront tout mouvement, et replaceront les têtes directes.

L'instructeur placera trois cavaliers bien alignés à trois ou quatre pas en arrière ; il fera ensuite aligner les autres en arrière par les mêmes commandements, et d'après les mêmes principes indiqués ci—dessus pour l'alignement en avant.

Observations relatives aux leçons d'alignement.

105. L'instructeur observera que le cavalier arrive tranquillement sur l'alignement ; qu'il ne le dépasse jamais ; qu'il ne penche pas le corps ou la tête en avant ; ou qu'il ne les renverse pas en arrière ; qu'il ne tourne la tête que le moins possible , et seulement de manière à voir la ligne des yeux et à apercevoir la poitrine du second homme ; qu'il n'avance pas l'épaule du côté de l'alignement ; qu'il conserve toujours la position qui lui a été donnée ; qu'au commandement *fixe* il cesse tout mouvement, quand même il ne serait pas sur la ligne ; et qu'à l'avertissement *telle file en avant* ou *en arrière*, il l'exécute à l'instant même.

Des différents pas.

106. Lorsque les cavaliers auront acquis l'habitude de bien marcher en portant l'arme, et qu'ils sauront exécuter le maniement des armes, on leur montrera à marcher obliquement, à marquer le pas, à changer le pas, à marcher le pas accéléré et le pas en arrière.

Ces différents pas seront de 76 à la minute, excepté le pas accéléré, qui doit être de 110 : ils seront tous indiqués par un avertissement ; le pas ordinaire est le seul qui ne doive pas l'être.

Marcher obliquement.

On commandera :

1° *Garde à vous.*

2° *Oblique à droite.*

3° MARCHE.

107. Au commandement *marche*, chaque cavalier fera un quart d'à droite, et se dirigera droit devant soi, conservant la tête directe : dans cette position, il n'y aura plus de contact entre les coudes ; mais l'égalité du pas, et l'attention que doivent avoir les cavaliers de conserver toujours une obliquité égale, suffiront pour assurer leur alignement.

Lorsqu'on voudra faire reprendre la première direction, on commandera :

En — AVANT.

Les cavaliers feront un quart d'à gauche, et marcheront droit devant eux.

Observation relative à la marche oblique.

108. Tout ce qui vient d'être dit sur la marche oblique à droite s'applique à la marche oblique à gauche, par les moyens contraires.

Pendant la durée de la marche oblique, le guide sera toujours du côté vers lequel on obliquera. On répétera fréquemment ce principe aux cavaliers, afin qu'ils s'y conforment sans qu'il soit nécessaire d'en faire le commandement.

Marquer le pas.

Les cavaliers marchant au pas ordinaire, on commandera :

1° *Garde à vous.*
2° *Marquez le pas.*
3° MARCHE.

109. Au commandement *marche*, tous les cavaliers rapporteront les talons à côté l'un de l'autre, sans avancer, en observant la cadence du pas.

Lorsqu'on voudra remarcher en avant, on commandera :

1° *Garde à vous.*
2° *En avant.*
3° MARCHE.

110. Au commandement de *marche*, on reprendra le pas.

Il faut prononcer le mot *marche*, lorsque le pied droit va poser à terre, et saisir le temps juste, sans quoi les cavaliers ne partiraient pas ensemble.

Changer le pas.

Les cavaliers étant en marche au pas ordinaire, on commandera :

1.° *Garde à vous.*
2.° *Changez le pas.*
3.° MARCHE.

111. Le commandement *marche* fait, le pied gauche levé, les cavaliers le poseront à terre, en marquant le pas avec le pied droit, et repartiront du pied gauche.

Cette leçon leur apprendra à reprendre le pas, lorsqu'ils l'auront perdu.

Du pas accéléré.

Les cavaliers marchant au pas ordinaire, on commandera :

1.° *Garde à vous.*
2.° *Pas accéléré.*
3.° MARCHE.

112. Au commandement *marche*, les cavaliers prendront le pas de 110 à la minute.

Observation relative au pas ordinaire et au pas accéléré.

On passera du pas ordinaire au pas accéléré, et de celui-ci au pas ordinaire, en commandant *marche* au moment où le pied s'élève de terre, afin que le cavalier ait le temps de prendre de l'autre jambe le pas commandé.

Du pas en arrière.

Le pas en arrière doit être de la longueur d'environ 32 centimètres (1 pied). Les cavaliers étant de pied ferme, on commandera :

1° *Garde à vous.*
2° *En arrière.*
3° MARCHE.

113. Au commandement *marche*, les cavaliers retireront le pied gauche en arrière, et le porteront à la distance de 32 centimètres (1 pied) à compter des talons, et ainsi successivement, jusqu'à ce que l'on commande *halte.* A ce commandement les cavaliers s'arrêteront, en portant le pied qui est en avant à côté de l'autre.

Attention que l'instructeur doit avoir dans le pas en arrière.

114. 1° Il faut que les cavaliers ne creusent pas les reins en renversant les épaules ;

2° Qu'ils conservent la position du corps et des épaules carrément dans la ligne ;

3° Qu'ils marchent droit en arrière, sans se détourner ni à droite ni à gauche ;

4° Il faut ne leur faire exécuter que quelques pas seulement.

Observations relatives à la marche.

115. On ne doit enseigner les différents pas aux cavaliers que lorsqu'ils seront confirmés dans la cadence et la longueur du pas ordinaire.

On les exercera aux différents pas, portant l'arme, l'arme à volonté, et l'arme au bras ; dans le dernier cas, ils la porteront toujours vivement au commandement *halte*. S'ils avaient l'arme à volonté, au commandement prépara- toire, ils porteront l'arme au bras.

De la marche de flanc.

116. Les cavaliers étant sur un rang, joints coude à coude, on leur commandera :

1° *Garde à vous.*
2° *Par le flanc droit.*
3° *(à) droite.*
4° MARCHE.

Au troisième commandement, les cavaliers feront à droite.

Au commandement *marche*, ils se mettront en marche.

Observations relatives à la marche de flanc.

117. L'instructeur placera un cavalier ancien et instruit à la gauche du premier cavalier, ou à sa droite, si l'on marche par la gauche, pour le diriger; il se placera derrière le rang, mar- chant en file; s'arrêtera, lui laissera parcourir vingt ou trente pas ; examinera si les cavaliers ne se jettent ni à droite ni à gauche ; s'ils ne dérivent pas en tournant les épaules, ou en serpentant dans la direction.

Il leur donnera pour principe, que la tête du cavalier qui les précède leur cache celles des cavaliers qui sont devant eux.

Il se placera aussi quelquefois à quinze ou vingt pas sur le flanc des hommes qu'il instruira, pour veiller :

1° A ce que le pas soit fait sur les mêmes principes que le pas ordinaire ;

2° A ce que les cavaliers maintiennent toujours exactement la distance qui leur est nécessaire, pour se remettre de front après le commandement *halte.*

Faire converser la file qui marche par le flanc.

On commandera :

1° *Garde à vous.*
2° *Par la file à droite* (ou *à gauche*).
3° MARCHE.

118. Chaque cavalier exécutera ce commandement, quand il arrivera à la place où celui qui le précède l'aura exécuté.

Arrêter la file.

On commandera :

1° *Garde à vous.*
2° *Peloton.*
3° *Halte.*
4° FRONT.

119. Au commandement *halte*, les cavaliers s'arrêteront.

Au commandement *front*, ils feront à gauche s'ils marchent par la droite, et à droite s'ils marchent par la gauche.

Des conversions.

120. Les cavaliers étant de pied ferme sur un rang, et joints coude à coude, on les fera converser à droite ou à gauche au pas ordinaire, plaçant un cavalier bien instruit à l'aile marchante, pour la conduire.

Si la conversion doit se faire à droite, on commandera :

1º *Garde à vous.*
2º *Peloton en cercle à droite.*
3º MARCHE.

Au commandement *marche*, les cavaliers tourneront la tête à gauche, les yeux seront fixés sur la ligne des yeux et sur la poitrine du second homme de gauche ; ils partiront en même temps du pied gauche ; le cavalier qui est au pivot ne fera que marquer le pas.

On les fera tourner long-temps du même côté, afin de les habituer à ce mouvement.

121. Lorsqu'on voudra arrêter la conversion, on commandera :

1º *Garde à vous.*
2º *Peloton.*
3º HALTE.

Au commandement *halte*, les cavaliers s'arrêteront.

Attention que doit avoir l'instructeur dans la marche de conversion.

122. Que les cavaliers fassent le pas d'une

longueur proportionnée à la place qu'ils occupent dans le rang, c'est-à-dire d'autant plus court qu'ils sont plus rapprochés du pivot; qu'ils ne tournent pas trop la tête; que les épaules soient toujours carrément dans le rang, qu'ils tiennent à leur voisin du côté du pivot, sans écarter le coude; enfin qu'ils observent, quant à la position du corps et du port d'armes, tout ce qui est prescrit dans la marche directe, avec les seules différences indiquées de la longueur du pas, et du principe de fixer les yeux sur la ligne des yeux et sur la poitrine du second cavalier du côté de l'aile marchante, tandis qu'ils doivent tenir au côté du pivot.

123. On exercera ensuite les cavaliers à converser étant en marche.

On commandera :

1° *Garde à vous.*
2° *Tournez* (A) DROITE (ou (A) GAUCHE.)

La conversion s'exécutera comme il vient d'être prescrit, avec cette différence que le pivot, au lieu de marquer le pas, le fera de 16 centimètres (6 pouces) et que tous les cavaliers prendront le pas accéléré.

Pour reprendre la marche directe, on commandera :

En — AVANT.

124. A ce commandement, les têtes se replaceront directes, et tous les cavaliers reprendront le pas ordinaire.

Les cavaliers de recrue étant parfaitement affermis dans toutes les parties qui composent cette écolé élémentaire, on les fera passer à celle de l'escadron à pied.

ECOLE
DE L'ESCADRON A PIED.

(*Article premier du titre III.*)

319. Lorsqu'on fera prendre les armes à l'escadron, pour l'exercer à pied, on le formera sur deux rangs serrés.

La formation à pied sera la même qu'à cheval.

On commandera à l'escadron, ainsi qu'il sera expliqué ci-après.

Ouvrir les rangs.

1° *Garde à vous.*

2° *En arrière — ouvrez vos rangs.*

3° MARCHE.

320. Au commandement *en arrière ouvrez vos rangs*, les cavaliers des ailes du second rang se porteront en arrière à la distance de 6 pas (d'un pied) du premier rang.

Au commandement *marche*, le second rang et les serre-files reculeront de six pas ; les officiers qui sont devant le front de l'escadron se porteront trois pas en avant, et feront front à la troupe par un demi-tour à droite.

Dès que le second rang sera arrivé sur l'alignement des deux cavaliers des ailes, placés pour marquer la distance, le capitaine de serre-file commandera :

A droite — ALIGNEMENT.

FIXE (*pour replacer les têtes directes.*)

321. Les rangs étant ouverts, on fera reposer sur les armes, et l'on commandera :

1° *Garde à vous.*

2° *Pour l'inspection des armes.*

3° *Inspection* — (DES) ARMES.

Ce qui s'exécutera comme il est expliqué n°s 49, 50, 51 et 52.

Lorsqu'on ne voudra pas passer l'inspection du sabre après celle du mousqueton, on en préviendra les cavaliers, qui, pour exécuter le quatrième temps du n° 50, se reposeront sur les armes après avoir replacé la baguette.

Après l'inspection, on fera porter les armes, l'on rectifiera la position des cavaliers, et l'on commandera :

1° *Garde à vous.*

2° *Maniement des armes.*

On fera exécuter ensuite le maniement d'armes ainsi qu'il suit :

Présenter les armes.

Porter les armes.

Reposer sur les armes.

Porter les armes.

Porter l'arme au bras.

Porter les armes.

Passer l'arme sous le bras gauche.
Porter l'arme.
Porter l'arme à volonté.
Poser l'arme.
Charge en douze temps.
Reposer sur les armes.
Mousqueton à terre.
Repos.

323. On veillera à ce que la position du corps, des pieds et de l'arme soit toujours exacte ; que les temps s'exécutent vivement et près du corps, et qu'on n'escamote point l'arme.

Après le repos, on fera relever et porter l'arme. On fera ensuite porter successivement trois cavaliers de la droite ou de la gauche de chaque rang, quatre ou cinq pas en avant ; puis on fera aligner le reste du rang sur eux, au commandement *par file à droite* (ou à gauche) *alignement.* On laissera les cavaliers s'aligner d'eux-mêmes ; on redressera seulement les fautes qu'ils auront commises.

On donnera aussi quelquefois des directions obliques à l'alignement.

Serrer les rangs.

324. Tous ces mouvements exéutés, on commandera :

1° *Garde à vous.*
2° *Serrez vos rangs.*

3° MARCHE.

4° *A droite* — ALIGNEMENT.

5° FIXE.

Au commandement *marche*, les cavaliers du second rang serreront sur le premier au pas accéléré ; à celui à *droite* — *alignement*, ils s'aligneront à droite ; à celui de *fixe*, ils replaceront les têtes directes.

Tous ces alignements se feront d'après les principes établis dans l'école du cavalier (n° 103).

325. Les alignements finis, on fera reposer sur les armes et on commandera *repos.* Dans les régiments de chasseurs, les commandants des pelotons de lanciers et les officiers chargés de cette instruction, rompront successivement leurs pelotons *à droite*, *en avant*, etc., pour les porter particulièrement sur le terrain d'exercice qui sera marqué, de manière qu'ils ne puissent se gêner réciproquement. Ils y feront *repos.*

326. Après le repos, on fera reporter les armes ; on exercera les cavaliers à la charge en douze temps, à la charge précipitée, à la charge à. volonté et aux feux, tant par le premier que par le second rang.

Lorsqu'on voudra faire tirer une troupe de cavalerie à pied, on la partagera en deux, afin de ne pas se dégarnir à la fois de tout son feu : chaque subdivision ne tirera que quand l'autre aura rechargé.

En conséquence, pour faire exécuter les feux à l'escadron, on commandera :

1° *Garde à vous.*

2° *Pour les feux.*

3° *Commencez le feu.*

Au second commandement, le commandant d'escadron et les commandants des pelotons passeront lestement derrière leur escadron, et tous les cavaliers décrocheront la baguette, si elle ne l'est déjà.

Au troisième commandement, le commandant de la première division commandera :

1° *Première division.*

2° *Armes.*

3° *(en) Joue.*

4° *Feu.*

5° *Chargez.*

Ce qui s'exécutera comme il est prescrit aux n°ˢ 66, 67, 71, 72 et 78, les cavaliers apprêtant les armes, au commandement *armes.*

Dès que le commandant de la deuxième division verra quelques armes portées dans la première, il commandera :

1° *Deuxième division.*

2° *Armes.*

3° *(en) Joue.*

4° *Feu.*

5° *Chargez.*

Les deux divisions continueront ainsi de faire feu alternativement.

Pour faire cesser les feux, le commandant d'escadron fera sonner un appel. (*Sonnerie n° 10 du chapitre X du titre* 1er.)

A ce signal, si les cavaliers ont fait feu, le commandant de la division commandera *chargez*. S'ils se trouvent dans la position *d'apprêter les armes*, ou de *joue*, le commandant de la division commandera *portez (vos) armes*.

Pour faire rentrer les officiers à leur place de bataille, le commandant de l'escadron fera sonner un demi-appel. (*Sonnerie n° 11 du chapitre X. du titre* 1er.)

Lorsqu'on sera dans le cas de faire exécuter le feu à tout l'escadron en même temps, on commandera :

1° *Garde à vous.*
2° *Pour les feux.*
3° *Feu d'escadron.*
4° *Escadron.*
5° *Armes.*
6° (*en*) *Joue.*
7° *Feu.*
8° *Chargez.*

327. Pour exécuter les feux par le second rang, on commandera :

1° *Garde à vous.*
2° *Face en arrière.*
3° *Escadron.*
4° *Demi-tour* — (*à*) *droite.*

Les commandements pour les feux seront les mêmes que précédemment, la seconde division faisant feu avant la première. Le second rang, devenu alors le premier, prendra la position indiquée pour le premier ; et le premier rang, devenu le second, prendra la position du second.

328. Pour se remettre dans l'ordre naturel, on commandera :

    1° *Garde à vous.*
    2° *Face en tête.*
    3° *Escadron.*
    4° *Demi-tour (à) droite.*
    5° *A droite* — ALIGNEMET.
    6° FIXE.

Les feux étant finis dans les régiments de chasseurs, les pelotons de lanciers viendront reprendre leur place de bataille.

Disposition des pelotons de lanciers pour l'exercice de la lance.

326. (*Bis.*) Lorsque les pelotons de lanciers seront arrivés, arrêtés et alignés sur le terrain où ils doivent être exercés, on leur fera ouvrir les rangs ainsi qu'il est expliqué n° 320.

Les rangs étant ouverts, et les sabres décrochés, on commandera :

    1° *Garde à vous.*
    2° *Par la gauche* — prenez vos distances.
    3° *Marche.*

4° *A droite* — ALIGNEMENT.

5° FIXE.

Au commandement *par la gauche*, tous les lanciers de chaque rang, à l'exception de la file de droite, relèveront le sabre de la main gauche (ainsi qu'il a été dit à la seconde leçon du cavalier à pied n° 25.)

Au commandement *prenez vos distances*, ils exécuteront un à gauche.

Au commandement *marche*, la file de droite restant immobile, tous les autres lanciers se porteront droit devant eux, au pas accéléré, en partant du pied gauche ; le second lancier de chaque rang, après avoir marché cinq pas, s'arrêtera et fera front de lui-même par un à gauche ; le troisième lancier, en donnant un coup d'œil en arrière à droite, s'arrêtera aussi à cinq pas du second, et fera front ainsi qu'il vient d'être prescrit.

Tous les autres lanciers feront successivement de même, s'alignant sur les 3 premiers de leur rang.

Observation. L'alignement doit être commandé aussitôt que le troisième lancier a fait front.

Si l'on voulait prendre les distances par la droite, on suivrait les mêmes principes, en employant les mouvements et les commandements contraires.

327. (*Bis.*) Les lanciers étant ainsi placés, on commandera :

1° *Garde à vous.*

2° *Reposez-vous* — (SUR VOS) LANCES.

Ce qui s'exécutera comme il est expliqué n° 79.

Les commandemements et les manœuvres à faire pour les exercices de la lance, dans cette position, seront en tout conformes à ce qui est prescrit à la troisième leçon de l'école du cavalier à pied, depuis le n° 80 jusqu'au n° 101.

328. (*Bis*.) Lorsqu'on voudra reformer le peloton, on commandera :

1° *Garde à vous.*

2° *Serrez vos files à droite.*

3° MARCHE.

Au second commandement, tous les lanciers, excepté la file de droite, qui mettra le sabre au crochet, relèveront le sabre de la main gauche ainsi qu'il a été dit, et exécuteront un à droite.

Au commandement *marche*, tous se porteront en avant, au pas accéléré, en partant du pied gauche.

Lorsque le deuxième lancier de la droite de chaque rang, arrivera près du premier, il s'arrêtera, fera front de lui-même par un à gauche, mettra le sabre au crochet et s'alignera à droite. Tous les autres exécuteront successivement le même mouvement.

Les files étant serrées, on fera serrer les rangs et on ramènera le peloton à sa place de bataille dans l'escadron.

329. (*Bis*) Pour exercer les cavaliers au maniement du sabre, on fera rompre les pelotons comme il vient d'être dit pour les lanciers ; on fera ouvrir les rangs et prendre les distances de la même manière, à l'exception que les cavaliers ne conserveront que quatre pas d'intervalle au lieu de cinq.

On se conformera pour l'escrime du sabre, à ce qui est prescrit dans le livret.

On fera reformer le peloton comme il est dit ci-dessus pour les lanciers.

328. (*Suite.*) — L'escadron formé, on rompra à droite par pelotons, pour marcher en colonne, la droite en tête, aux différents pas, ainsi qu'il va être expliqué.

On commandera :

1° *Garde à vous.*
2° *Pelotons à droite.*
3° MARCHE.

Au commandement *marche*, les cavaliers partiront du pied gauche, et tourneront en même temps la tête un peu à gauche, les yeux fixés sur la ligne des hommes qui sont à leur gauche ; l'homme qui est au pivot ne fera que marquer le pas, en se conformant au mouvement de l'aile marchante ; l'homme qui conduit cette aile marchera le pas de deux pieds, avancera dès le premier pas un peu l'épaule gauche, jettera les yeux sur le terrain qu'il doit parcourir, et de temps en temps sur le rang ; il sentira toujours le coude de l'homme qui est à côté de lui ; mais légèrement et sans jamais le pousser.

Les autres cavaliers doivent sentir légèrement le coude de leur voisin du côté du pivot, résister à la pression qui viendrait du côté opposé, et se conformer au mouvement de l'aile marchante, en faisant le pas d'autant plus petit qu'ils seront plus près du pivot.

Marcher la droite en tête.

On commandera :

1° *Garde à vous.*
2° *Colonne en avant.*
3° *Guide à gauche.*
4° MARCHE.

329. Au commandement *marche*, qui sera répété par tous les chefs de peloton, les guides partiront vivement d'un pas décidé, et au même instant la colonne se mettra en mouvement ; les cavaliers auront attention de sentir légèrement le coude de leur voisin du côté du guide, et de ne point ouvrir le leur ; ils doivent toujours céder à la pression qui vient du côté du guide, et résister à celle qui vient du côté opposé. Ils observeront en outre de conserver toujours la tête directe, et les yeux fixés à terre à quinze ou vingt pas devant eux ; s'ils s'aperçoivent qu'ils sont trop en avant ou trop en arrière, ils ne se remettront que peu à peu en alongeant ou en raccourcissant leur pas d'une manière presqu'insensible. Le cavalier de chaque peloton, placé du côté du guide observera de ne jamais le pousser hors de la direction ; comme aussi de ne jamais le déborder.

Changer de direction par des conversions successives.

330. Le commandant de l'escadron commandera :

Tête de colonne à gauche.

A ce commandement, le commandant du premier peloton commandera :

1° *Tournez* — (A) GAUCHE.
2° *En* — AVANT.

Le commandement *tournez* sera fait à deux pas avant d'arriver à la conversion.

A la seconde partie du premier commandement, qui est *à gauche*, et qui sera prononcée à l'instant que le guide ainsi que le peloton tourneront à gauche, le pivot fera son pas de six pouces, et l'aile marchante exécutera son mouvement au pas accéléré, mais sans courir; chaque cavalier fera son pas d'une longueur proportionnée à la place qu'il occupe dans le rang, c'est-à-dire d'autant plus court qu'il est plus rapproché du côté du pivot.

331. Il faut que les cavaliers ne tournent pas trop la tête, que leurs épaules soient toujours carrément dans le rang, qu'ils tiennent à leur voisin du côté du pivot, sans écarter le bras ni le coude, et qu'ils fixent les yeux sur les cavaliers de l'aile marchante.

La première partie du second commandement sera prononcée deux pas avant que la conversion soit achevée.

A la seconde partie, qui sera prononcée au moment où la conversion s'achève, l'homme qui conduit l'aile marchante se dirigera droit en avant, reprenant le pas ordinaire, ainsi que tout le reste du rang. Ils replaceront la tête directe; les autres pelotons continueront de marcher droit devant eux, et lorsqu'ils arriveront à la hauteur où le premier aura tourné, ils exécuteront leur mouvement d'après les principes qui viennent d'être détaillés.

Observations.

332. Dans les changements de direction en colonne, le sous-officier en serre-file au peloton qui est en tête

de la colonne, aussitôt que le commandant du peloton commandera *tournez à droite ou à gauche*, se portera du côté du pivot dans la même direction où doit tourner le peloton ; tous les autres pelotons ne devront tourner que lorsqu'ils arriveront à la hauteur de ce sous-officier, et les commandants de pelotons auront l'attention de faire leur commandement assez tôt pour empêcher que la colonne ne se jette en dehors.

De la marche oblique individuelle.

333. Le commandant de l'escadron commandera :

1° *Garde à vous.*
2° *Oblique à droite.*
3° MARCHE.

Au commandement *marche*, répété par tous les commandants de peloton, les pelotons prendront le pas oblique ; les sous-officiers de droite de chaque peloton, chargés de la direction, auront la plus grande attention de maintenir leurs épaules carrément, et d'obliquer d'un mouvement égal ; les chefs de peloton se conformeront à leur marche ; il n'y aura plus de contact entre les coudes, mais l'égalité du pas et l'attention que devront avoir les cavaliers de conserver toujours une obliquité égale, suffiront pour assurer l'alignement.

Lorsqu'on voudra faire reprendre la marche directe, on commandera :

En — AVANT.

A la dernière partie du commandement, le peloton reprendra la marche directe.

Arrêter la colonne.

334. Après avoir marché quelque temps en colonne, on commandera :

1° *Garde à vous.*

2° *Colonne.*

3° HALTE.

Au commandement *halte*, qui sera répété par tous les chefs de peloton, chaque rang arrêtera, et aucun homme ne bougera plus qu'au commandement suivant.

Chaque chef de peloton se portera du côté des guides, placera l'homme de cette aile dans la direction de la tête, et commandera ensuite :

A gauche — ALIGNEMENT.

A ce commandement, le rang se placera sur l'alignement de l'homme qui doit servir de base, en se conformant aux principes prescrits.

L'alignement fini, chaque chef de peloton commandera *fixe*, en se réglant sur celui de la tête, et reprendra sa place au centre de son peloton.

L'escadron étant en colonne, la droite en tête,
le mettre à gauche en bataille.

335. La colonne étant arrêtée, on commandera :

1° *Garde à vous.*

2° *A gauche en bataille.*

3° MARCHE.

Au commandement *à gauche en bataille*, le maréchal-des-logis de l'aile droite se portera sur la direction

des sous-officiers guides de la colonne, à la distance du
front d'un peloton, et fera face du côté où l'on doit
se mettre en bataille.

Au commandement *marche*, qui sera répété par tous
les chefs de peloton, l'escadron se mettra en bataille,
d'après les principes indiqués pour les conversions à pivot fixe.

336. On fera marcher ensuite l'escadron en
bataille aux différents pas, et on lui fera exécuter quelques mouvements d'après les principes détaillés à l'école d'escadron à cheval.

337. Lorsque l'école de l'escadron à pied sera
parfaitement entendue, on réunira le régiment
et on lui fera exécuter ce qui est contenu au
titre des manœuvres; les mouvements par quatre y seront exécutés, ainsi qu'il va être expliqué.

*L'escadron étant en bataille, le rompre en co-
lonne par quatre.*

On commandera :

1° *Garde à vous.*

2° *Par quatre à droite.*

3° MARCHE.

Au commandement *marche*, chaque rang de quatre
fera à droite, comme il est indiqué pour *peloton à droite*,
n° 328.

Pour marcher par la gauche, on commandera :

1° *Garde à vous.*
2° *Par quatre à gauche.*
3° MARCHE.

Les commandements pour arrêter la colonne, la porter en avant, la faire changer de direction par des conversions successives, seront les mêmes que pour une colonne par pelotons : les commandants de pelotons ne répétant pas les commandements *marche* et *halte*, et dans les conversions, celui de la tête seul commandant *tournez à droite* ou *à gauche.*

On commandera également *par quatre à gauche* ou *à droite*, pour se remettre en bataille, de pied ferme, comme pour se remettre de front en marchant.

Pour faire rompre les rangs à la troupe, on commandera :

1° *Garde à vous.*
2° *Par le flanc droit.*
3° *(à) droite.*
4° *Présentez (vos) armes.*
5° *Haut (les) armes.*
6° *Rompez vos rangs.*
7° MARCHE.

Au cinquième commandement, élever le mousqueton en le tournant, le canon à droite, la platine en dehors, le coude droit au corps, la main gauche ouverte, les doigts serrés et alongés sur le bois, le pouce sur la barre et à hauteur du menton, le coude gauche abattu.

Au septième commandement, frapper deux coups de la main gauche, et partir du pied gauche pour rompre le rang.

Pour faire rentrer une garde au corps-de-garde, on commandera *demi-tour à droite*, au lieu de *par le flanc droit*.

ERRATA.

(Fautes essentielles à corriger.)

PREMIÈRE LEÇON.

Pages. N^{os}.

6   4   1re ligne. Les talons sur la même ligne ; *ajoutez :* et rapprochés.

9   16   1re ligne. 1° faire un demi-à droite ; *lisez :* 1° au commandement *demi-tour*, faire un demi-à droite, etc.

Ib., *ib.*, 4e ligne. *Effacez :* porter en même temps la main droite au porte-cartouche.

Ib., *ib.*, 5e ligne, 2e alinéa. 2° tourner sur, etc. ; *lisez :* 2° au commandement *à droite*, tourner sur, etc.

Ib., *ib.*, 8e ligne. *Effacez :* et lâcher le porte-cartouche.

TROISIÈME LEÇON.

22   38   9e ligne, 2e colonne. A environ 16 cent. (6 pouces); *lisez :* à environ 50 cent. (18 pouces).